Impressum
Verlag: BABADADA GmbH, Nedderfeld 112 , 22529 Hamburg
Geschäftsführer / Verlagsleitung: Harald Hof
Druck: Books on Demand GmbH, In de Tarpen 42, 22848 Norderstedt

Imprint
Publisher: BABADADA GmbH, Nedderfeld 112 , 22529 Hamburg, Germany
Managing Director / Publishing direction: Harald Hof
Print: Books on Demand GmbH, In de Tarpen 42, 22848 Norderstedt, Germany

ትምህርት ቤት

المدرسة

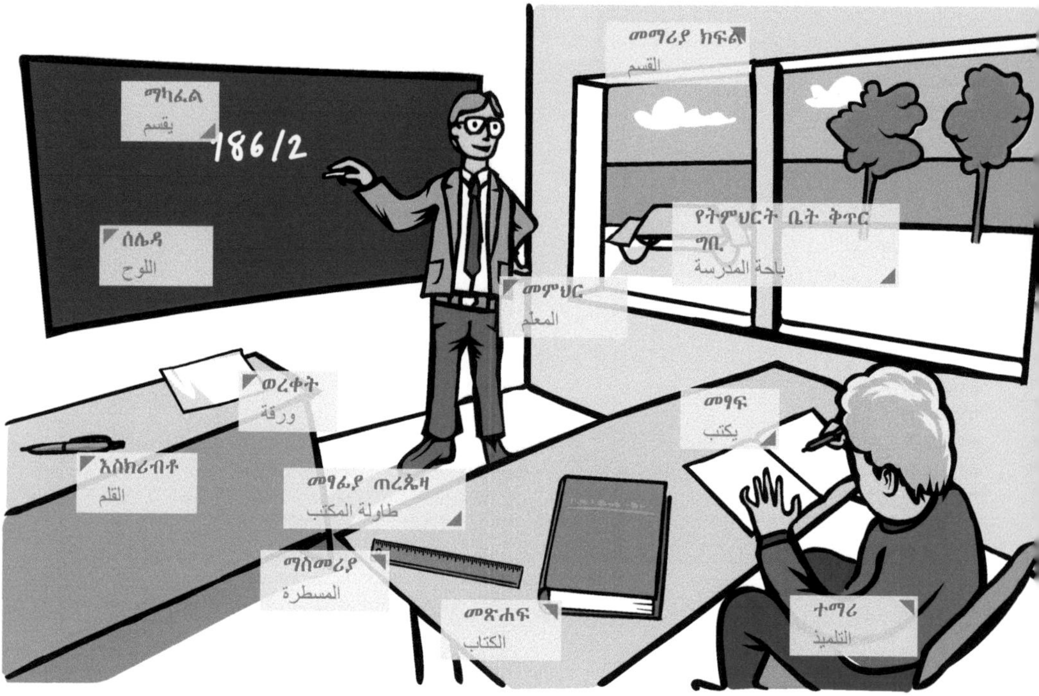

መማሪያ ክፍል
القسم
ማካፈል
يقسم
186/2
ሰሌዳ
اللوح
የትምህርት ቤት ቅጥር ግቢ
باحة المدرسة
መምህር
المعلّم
ወረቀት
ورقة
መፃፍ
يكتب
እስክሪብቶ
القلم
መፃፊያ ጠረጴዛ
طاولة المكتب
ማስመሪያ
المسطرة
መጽሐፍ
الكتاب
ተማሪ
التلميذ

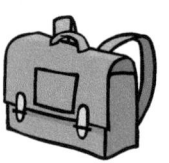

የጀርባ ቦርሳ
....
الحقيبة المدرسية

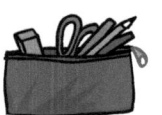

የእርሳስ መያዣ
....
المقلمة

እርሳስ
....
قلم الرصاص

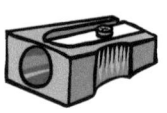

የእርሳስ መቅረጫ
....
البرّاية

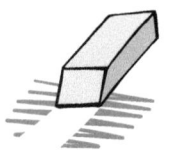

ላጲስ
....
المِمحاة

የስዕል ደብተር
....
دفتر الرسم

ስዕል

الرسمة

የቀለም ብሩሽ

الفرشاة

የቀለም ሳጥን

علبة التلوين

መቀስ

المقص

ማጣበቂያ

المادة اللاصقة

መልመጃ ደብተር

دفتر التمارين

የቤት ስራ

الواجب المدرسي

12

ቁጥር

الرقم

2+2

መደመር

يجمع

5-2

መቀነስ

يطرح

2×2

ማባዛት

يضرب

ቁጥሮችን ማስላት

يحسب

A

ደብዳቤ

الحرف

ABCDEFG
HIJKLMN
OPQRSTU
VWXYZ

ፊደላት

الأبجدية

hello

ቃል

كلمة

ፅሑፍ

....

النص

ማንበብ

....

يقرأ

ጠመኔ

....

الطبشور

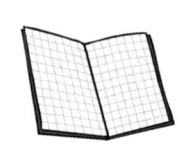

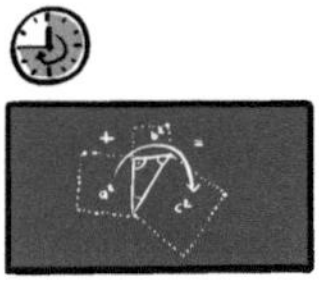

ትምህርት

....

الحصة

ምዝገባ

....

دفتر الدوام المدرسي

ፈተና

....

الامتحان

ሰርተፊኬት

....

شهادة

የትምህርት ቤት የደንብ ልብስ

....

اللباس المدرسي

ትምህርት

....

التعليم

አዉደ ጥበብ

....

الموسوعة

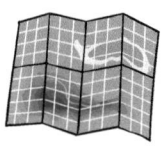

ዩኒቨርስቲ

....

الجامعة

የምርምር አጉሊ መሳርያ

....

المِجهر

ርታ

....

الخريطة

የቆሻሻ ወረቀት መጣያ ቅርጫት

....

قماما

ሆቴል
فندق

Grand

ማረፊያ ቤት
بيت الشباب

ROOMS

የዉጭ ገንዘብ ምንዛሪ ቢሮ
مكتب صرافة

EXCHANGE

ልብስ መያዣ ሻንጣ
حقيبة

መኪና
سيارة

ቋንቋ

اللغة

አዎ/ አይደለም

نعم / لا

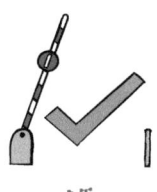

እሺ

حسنًا

ሰላም

مرحبا

አስተርጓሚ

مترجم

አመሰግናለሁ

شكرًا

ስንት ነዉ.......?

كم ثمن ... ؟

አልገባኝም

لا أفهم

እክል

مشكلة

እንደምን አመሹ!

مساء الخير

እንደምን አደሩ!

صباح الخير!

መልካም ምሽት!

ليلة سعيدة

ደህና ይሰንብቱ

إلى اللقاء

አቅጣጫ

اتجاه

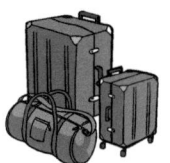

ሻንጣ

أمتعة السفر

ቦርሳ

حقيبة

የጀርባ ቦርሳ

حقيبة ظهر

እንግዳ

ضيف

ክፍል

غرفة

የመተኛ ቦርሳ

كيس للنوم

ድንኳን

خيمة

የጎብኚዎች መረጃ

....

استعلامات سياحية

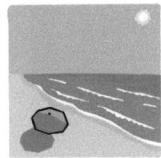

የባህር ዳርቻ

....

شاطئ

ክሬዲት ካርድ

....

بطاقة ائتمان

ቁርስ

....

إفطار

ምሳ

....

طعام الغداء

እራት

....

العشاء

ቲኬት

....

بطاقة سفر

አሳንሰር

....

مصعد

ማህተም

....

طابع بريدي

ድንበር

....

حدود

ባህሎች

....

الجمارك

ኤምባሲ

....

سفارة

ቪዛ/የይለፍ ወረቀት

....

تأشيرة

ፓስፖርት

....

جواز سفر

መጓጓዣ

نقل

አ ፕላን
طائرة
መርከብ
سفينة
የእሳት አደጋ መኪና
سيارة إطفاء
አ ቶብስ
حافلة
የጭነት መኪና
سيارة شاحنة
የሞተር ጀልባ
زورق آلي
መኪና
سيارة
ብስ ሌት
درّاجة

የማመላለሻ ጀልባ

عبارة

ጀልባ

قارب

የሞተር ብስ ሌት

دراجة نارية

የ ሊስ መኪና

سيارة شرطة

የ ድድር መኪና

سيارة سباق

የኪራይ መኪና

سيارة مستأجرة

የመኪና መጋራት
....
أسلوب تشاركي في استئجار السيار

ጎታች መኪና
....
سيارة للجر

የቆሻሻ ጭነት መኪና
....
سيارة نقل القمامة

ሞተር
....
محرك

ነዳጅ
....
وقود

የቤንዚን ማደያ
....
محطة وقود

የመንገድ ምልክት
....
إشارة مرور

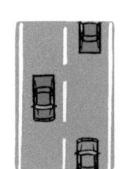

የመኪኖች እንቅስቃሴ
....
حركة السير

የመኪና መጨናነቅ
....
ازدحام سير

የመኪና ማቆሚያ
....
موقف سيارات

የባቡር ጣቢያ
....
محطة قطار

የባቡር ሀዲዶች
....
سكك حديدية

ባቡር
....
قطار

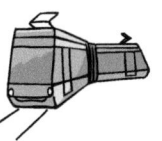

የኤሌክትሪክ ባቡር
....
ترام

ሰረገላ
....
عربة قطار

ሄሊኮፕተር
....
طائرة مروحية

አየር ማረፊያ
....
مطار

ማማ
....
برج

መንገደኛ
....
مسافر

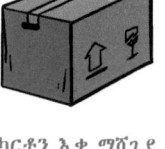

ማስቀመጫ፤ ማጠራቀሚያ
....
حاوية

ካርቶን እቃ ማሸጊያ
....
علبة كرتون

ጋሪ፤ ተሳቢ
....
عربة يد

ቅርጫት
....
سلة

መነሳት/ ማረፍ
....
يقلع / يهبط

ከተማ
مدينة

መንደር
....
قرية

የከተማ ማዕከል
....
مركز المدينة

ት
....
بيت

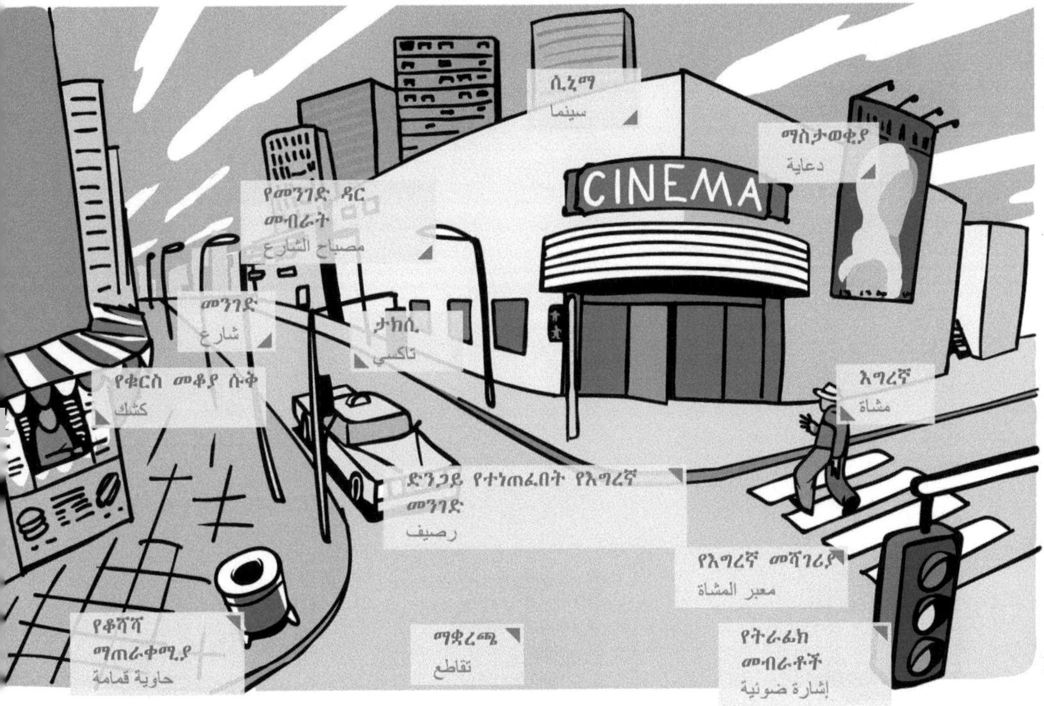

ሲኒማ
سينما
ማስታወቂያ
دعاية
CINEMA
የመንገድ ዳር መብራት
مصباح الشارع
መንገድ
شارع
ታክሲ
تاكسي
የቁርስ መቆያ ሱቅ
كشك
እግረኛ
مشاة
ድንጋይ የተነጠፈበት የእግረኛ መንገድ
رصيف
የእግረኛ መሻገሪያ
معبر المشاة
የቆሻሻ ማጠራቀሚያ
حاوية قمامة
ማቋረጫ
تقاطع
የትራፊክ መብራቶች
إشارة ضوئية

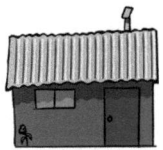

ጎጆ

كوخ

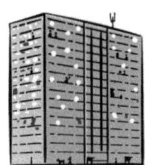

አፓርታማ

شقة

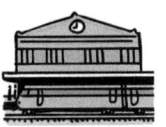

የባቡር ጣቢያ

محطة قطار

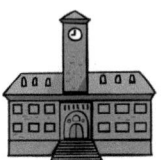

የከተማ አዳራሽ

دار البلدية

MUSEUM

ቤተ መዘክር

متحف

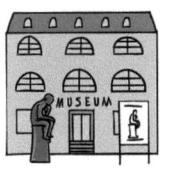

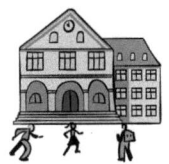

ትምህርት ቤት

المدرسة

ዩኒቨርስቲ

الجامعة

ባንክ

مصرف

ሆስፒታል

المستشفى

ሆቴል

فندق

መድሐኒት ቤት

صيدلية

ቢሮ

مكتب

መፅሐፍ መሸጫ

مكتبة

ሱቅ

متجر

የአበባ መሸጫ

محل لبيع الزهور

የሸቀጣ ሸቀጥ መደብር

سوبرماركت

ገበያ ስፍራ

سوق

መደብር

متجر كبير

የዓሳ ነጋዴ

تاجر السمك

የገበያ ማዕከል

مركز تسوّق

ወደብ

ميناء

መናፈሻ ቦታ

....

حديقة عامة

አግዳሚ ወንበር

....

مقعد

ድልድይ

....

جسر

ደረጃዎች

....

درج، سلم

ዉስጥ ለዉስጥ

....

مترو

ዋሻ

....

نفق

የአዉቶቡስ ፌርማታ

....

موقف حافلات

ባር

....

بار

ምግብ ቤት

....

مطعم

የፖስታ ሳጥን

....

صندوق البريد

የመንገድ ምልክት

....

لافتة باسم الشارع

የመኪና ማቆሚያ ሒሳብ የሚያሰላ ማሽን

....

مقياس زمن الوقوف

የደር እንስሳት ማቆያ

....

حديقة حيوانات

የመዋኛ ገንዳ

....

مسبح

መስጊድ

....

مسجد

እርሻ

....

مزرعة

የሚበክል ነገር

....

تلوث البيئة

መቃብር ስፍራ

....

مقبرة

ቤተ ክርስቲያን

....

كنيسة

መጫወቻ ሜዳ

....

ملعب الأطفال

ቤተ መቅደስ

....

معبد

መልከዓምድር

طبيعة ريفية

ቅጠል
ورقة
የመንገድ ላይ ምልክት
علامة إرشاد
መንገድ
طريق
አረንጓዴ መስክ
مرج
ድንጋይ
حجر
በእግሩ የሚጓዝ
رحالة
ዛፍ
شجرة
ወንዝ
نهر
ሳር
عشب
አበባ
زهرة

ሸለቆ

وادٍ

ኮረብታ

جبل

ሀይቅ

بحيرة

ጫካ

غابة

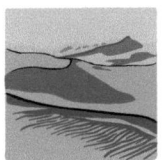

ረሃ

صحراء

ሳተ ገሞራ

بركان

ምብ

قلعة

ስተ ዳመና

قوس قزح

ንጉዳይ

فِطر

የቴምብር ዛፍ/ ዘንባባ

نخلة

ቢንቢ/ የወባ ትንኝ

بعوض

ራሪ

ذبابة

ጉንዳን

نملة

ንብ

نحلة

ሸረሪት

عنكبوت

ጢንዚዛ

خنفساء

እንቁራሪት

ضفدعة

ሽኮኮ

سنجاب

ጃርት

قنفذ

ጥንቸል

أرنب

ጉጉት ወፍ

بومة

ወፍ

عصفور

የዉሃ ዳክዬ

بجعة

ከርከሮ

خنزير برّي

አጋዘን

غزال

አጋዘን

إلكة

ግድብ

سد

በነፋስ የሚሽከረከር

دولاب الطاحونة الهوائية

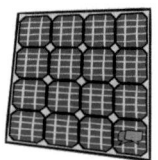

የፀሀይ ፓኔሎ

خلية شمسية

አየር ንብረት

مناخ

ምግብ ቤት

مطعم

አስተናጋጅ
نادل
ማዉጫ
لائحة الطعام
ወንበር
كرسي
ሾርባ
حساء
ፒዛ
بيتزا
መክተፊያ
أدوات المائدة
የጠረጴዛ ጨርቅ
غطاء المائدة

የምግብ ፍላጎትን የሚከፍት ምግብ

مقبلات

ዋና ምግብ

الصحن الرئيسي

ማጣጣሚያ ተከታይ ምግብ

حلوى أو فاكهة بعد الطعام

መጠጦች

مشروبات

ምግብ

طعام

ጠርሙስ

زجاجة

ፈጣን ምግብ

وجبات سريعة

የመንገድ ምግብ

طعام الشارع

የሻይ ማንቆርቆሪያ

إبريق الشاي

የስኳር እቃ

علبة السكر

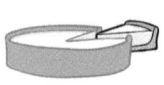

ድርሻ

حصّة

የቡና ማፊያ ማሽን

آلة الإسبريسو

ባለጌ ወንበር

كرسي عالٍ

የክፍያ ደረሰኝ

فاتورة

ትሪ

صينية

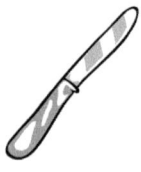

ቢላዋ

سكين

ሹካ

شوكة

ማንኪያ

ملعقة

የሻይ ማንኪያ

ملعقة الشاي

ልብስ ምግብ እንዳይነካ የሚረዳ ጨርቅ

منديل المائدة

ብርጭቆ

كأس

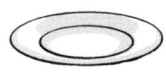

ዝርግ ሰሀን
....
صحن

የሾርባ ጎድጓዳ ሰሀን
....
صحن الحساء

የስኒ ማስቀመጫ
....
صحن الفنجان

ማጣፈጫ ስጎ
....
صلصة

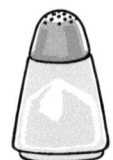

የጨዉ እቃ
....
مملحة

የተፈጨ ቃሪያ
....
مطحنة الفلفل

ኮምጣጤ
....
خلّ

የምግብ ዘይት
....
زيت الطعام

ቀመማ ቅመሞች
....
توابل

የቲማቲም ድልህ
....
كتشاب

ሰናፍጭ
....
خردل

ማዮኒዝ
....
مايونيز

የሸቀጣ ሸቀጥ መደብር

سوبرماركت

ልዩ አቅራቦት
عرض خاص
FOR
ደምበኛ
زبون
የወተት ተዋፅዖ
مشتقات الحليب
ፍራፍሬ
فواكه
ባለ ጎማ የእጅ ጋሪ
عربة تسوّق

ሉካንዳ ነጋዴ

....

جزّار

መጋገርያ

....

مخبز

ክብደት መመዘን

....

يزن

ቅጠላ ቅጠል አትክልት

....

خضار

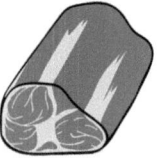

ስጋ

....

لحم

የቀዘቀዘ/የረጋ ምግብ

....

المأكولات المجمّدة

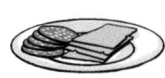

ቀዝቃዛ ቁራጭ

....

مرتدلا أو جبن

የታሸገ ምግብ

....

معلبات

የማጠቢያ ዱቄት

....

مسحوق الغسيل

ጣፋጮች

....

حلويات

የቤት ዉስጥ ዉጤቶች

....

المواد المنزلية

የፅዳት ምርቶች

....

منظفات

የሽያጭ ባለሙያ

....

بائعة

የገንዘብ መመዝቢያ ማሽን

....

صندوق الحساب

የሒሳብ ሰራተኛ

....

أمين صندوق

የግዢ ዝርዝር

....

قائمة المشتريات

ክፍት ሰዓታት

....

أوقات العمل

የኪስ ቦርሳ

....

محفظة النقود

ክሬዲት ካርድ

....

بطاقة ائتمان

ቦርሳ

....

حقيبة

የፕላስቲክ ቦርሳ

....

كيس بلاستيكي

መጠጦች

مشروبات

ዉሃ

ماء

ጭማቂ

عصير

ወተት

حليب

ኮካ-ኮላ

كولا

ወይን

نبيذ

ቢራ

بيرة

አልኮል

كحول

ኮካ

كاكاو

ሻይ

شاي

ቡና

قهوة

የተፈላ ቡና

قهوة إسبريسو

ካፑቺኖ

كابوتشينو

ሙዝ

....

موزة

ፖም

....

تفاح

ብርቱካን

....

برتقال

ሀብሀብ

....

بطيخ

ሎሚ

....

ليمون

ካሮት

....

جزرة

ነጭ ሽንኩርት

....

ثوم

ሸምበቆ

....

خيزران

ቀይ ሽንኩርት

....

بصل

እንጉዳይ

....

فِطر

ለዉዝ

....

لوزيات

የህፃናት ምግብ

....

شعيرية

ፓስታ

سباغيتي

ሩዝ

أرزّ

ሰላጣ

سلطة

የድንች ጥብስ

بطاطا مقلية

ድንች ጥብስ

بطاطا مقلية

ፒዛ

بيتزا

ዳቦ ዉስጥ በስሱ ተጠብሶ የገባ ስጋ

هامبورغر

ሳንድዊች

ساندويش

ጥሬ ስጋ

شريحة لحم مقلية

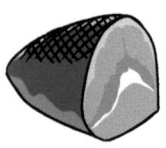

የአሳማ ስጋ

لحم خنزير

በቅመምና በጨዉ የታሸ ምግብ ቀዝቅዞ የሚበላ ሾርባ ምግብ

سلامي

ቋሊማ

سجق

ዶሮ

دجاج

ጥብስ

لحم محمر

አሳ

سمك

የአጃ ገንፎ

....

دقيق الشوفان

ከወተት ጋር ተደባልቀዉ የሚበሉ ምግቦች

موسلي

የበቆሎ ቅርፊት

....

كورن فلكس

ዱቄት

....

طحين

ኩራሳ

....

كرواسان

ድብልብል ዳቦ

....

خبز صغير

ዳቦ

....

خبز

መጥበስ

....

خبز محمص

ብስኩት

....

بسكويت

ቅቤ

....

زبدة

እርጎ

....

لبن زبادي

ኬክ

....

كعكة

እንቁላል

....

بيضة

እንቁላል ጥብስ

....

بيض مقلي

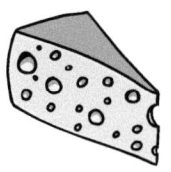

አይብ

....

جبنة

የበረዶ ክሬም

مثلجات

ስኳር

سكر

ማር

عسل

ማርማላት

مربى الفاكهة

የተናጠ የወተት ክሬም

كريم النوغا

ማጣፈጫ

الكاري

እርሻ

مزرعة

የገበሬ ቤት
بيت الفلاح
የእህልና የከብት ማቀመጫ ቤት
مخزن غلال
የጭድ ክምር
رزمة من التبن
ሜዳ
حقل
ፈረስ
حصان
ተሳቢ መኪና
مقطورة
የፈረስ ዉርንጭላ
مهر
የእርሻ መኪና
جرار
አህያ
حمار
በግ
خروف
የበግ ጠቦት
خروف

ፍየል

ماعز

ላም

بقرة

ጥጃ

عجل

አሳማ

خنزير

ግልገል አሳማ

خنزير صغير

ኮርማ

ثور

ዝይ
....
إوزّة

ዳክዬ
....
بطة

የዶሮ ጫጩት
....
صوص

ዶር
....
دجاجة

አዉራ ዶሮ
....
ديك

አይጥ
....
جرذ

ደድመት
....
قطّة

አይጥ
....
فأر

በሬ
....
ثور

ዉሻ
....
كلب

የዉሻ ቤት
....
كوخ الكلب

የአትክልት ቦታ
....
خرطوم الحديقة

ዉሃ ማጠጫ ባልዲ
....
إبريق

ረጅም ማጭድ
....
منجل

ማረሻ
....
المحراث

ማጭድ
....
منجل

መኮትኮቻ
....
معزقة

የእህል መንሽ
....
مذراة الزبل

መጥረቢያ
....
بلطة

ኩርኩር/ የእጅ ጋሪ
....
عربة يد

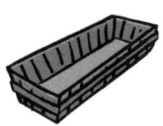

ገንዳ
....
معلف

የወተት ዕቃ
....
صفيحة الحليب

ጆንያ ከረጢት
....
كيس

አጥር
....
سياج

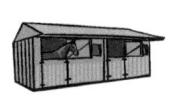

የፈረስ ጋጣ
....
اصطبل

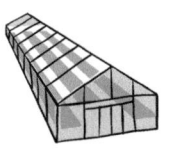

ዕፅዋት ማሳደጊያ የመስታዉት ቤት
....
دفيئة

አፈር
....
تربة

ዘር
....
بذور

የመሬት ማዳበሪያ
....
سماد

ጥምር ማረሻ
....
حصّادة درّاسة

አዝመራ መሰብሰብ

يحصد

አዝመራ

محصول

ድንች

بطاطا يامس

ስንዴ

قمح

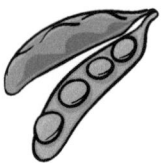

ሶያ

صويا

ድንች

بطاطا

በቆሎ

ذرة

የከብት መኖ

سلجم

የፍሬ ዛፍ

شجرة فاكهة

የካሳቫ ዛፍ

نبات منيهوت

እህል

الحبوب

የጪስ ማዉጫ
مدخنة

ጣራ
سقف

አሽንዳ
مزراب

መስኮት
نافذة

ጋራዥ
مرآب

የበር ደወል
جرس الباب

በር
باب

የቀቆሻሻ ማጠራቀሚያ
قمامة

ፖስታ ሳጥን
صندوق البريد

የአትክልት ቦታ
حديقة

ሳሎን
غرفة جلوس

መታጠቢያ ቤት
الحمّام

ማድቤት
مطبخ

መኝታ ቤት
غرفة النوم

የልጅ ክፍል
غرفة الأطفال

መመገቢያ ክፍል
غرفة الطعام

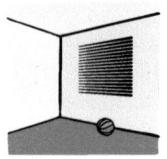

ወለል

....

أرضية

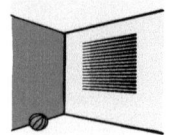

ግድግዳ

....

حائط

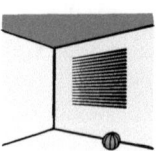

ጣሪያ

....

سقف

ምድር ቤት

....

قبو

በእንፋሎት ሙቀት መታጠቢያ ቤት

....

ساونا

ሰገነት

....

بلكون

ከፍ ያለ መደብ

....

شرفة

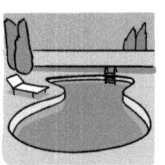

የመዋኛ ገንዳ

....

مسبح

የማጨጃ መኪና

....

جزّازة العشب

አንሶላ

....

بياضات السرير

የአልጋ ልብስ

....

بطانية

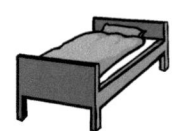

አልጋ

....

سرير

መጥረጊያ

....

مكنسة

ባልዲ

....

سطل

ማብሪያና ማጥፊያ

....

مفتاح كهربائي

ሳሎን

غرفة جلوس

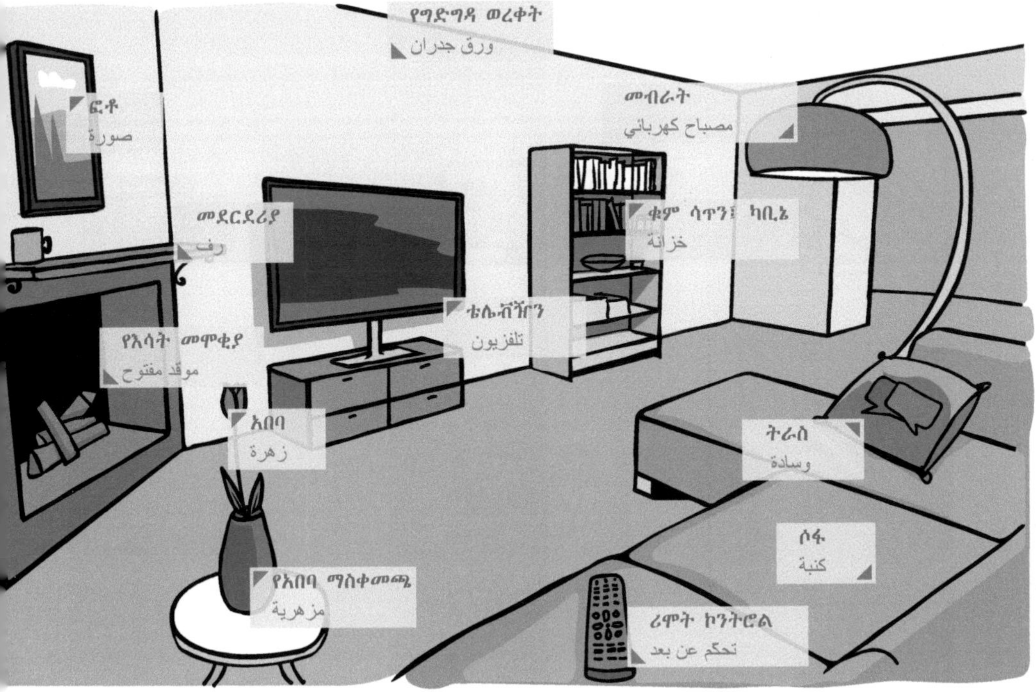

የግድግዳ ወረቀት
ورق جدران
ፎቶ
صورة
መብራት
مصباح كهربائي
መደርደሪያ
رف
ቁም ሳጥን፣ ካቢኔ
خزانة
ቴሌቪዥን
تلفزيون
የእሳት መሞቂያ
موقد مفتوح
አበባ
زهرة
ትራስ
وسادة
ሶፋ
كنبة
የአበባ ማስቀመጫ
مزهرية
ሪሞት ኮንትሮል
تحكم عن بعد

ንጣፍ

بساط

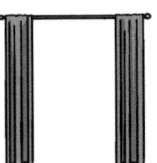

መጋረጃ

ستارة

ጠረጴዛ

طاولة

ወንበር

كرسي

ተወዛዋዥ ወንበር

كرسي هزّاز

ባለመደገፊያ ወንበር

كرسي ذو ذراعين

መጽሐፍ

....

الكتاب

ብርድ ልብስ

....

بطانية

ጌጥ

....

زخرفة

ማገዶ

....

الحطب

ፊልም

....

فيلم

የሙዚቃ መማጫወቻ

....

تجهيزات ستيريو

ቁልፍ

....

مفتاح

ጋዜጣ

....

جريدة

ስዕል

....

لوحة مرسومة

የተለጠፈ ማስታወቂያ እንደ ስዕል

....

مُلصق

ሬዲዮ

....

راديو

ማስታወሻ ደብተር

....

دفتر ملاحظات

የአየር ማፅጃ ለምንጣፍ

....

المكنسة الكهربائية

ቁልቋል

....

صبّار

ሻማ

....

شمعة

ማድቤት

مطبخ

ማቀዝቀዣ
براد
ማይክሮዌቭ ምግብ ማብሰያ
ميكروويف
የኩሽና መመዘኛ ሚዛን
ميزان المطبخ
ዳቦ መጥበሻ
محمصة الخبز
ንፁህ ማድረጊ
منظفات
فرن
ማቀዝቀዣ
ثلاجة
የቆሻሻ ማጠራቀሚያ
قمامة
እቃ ማጠቢያ
جلاية

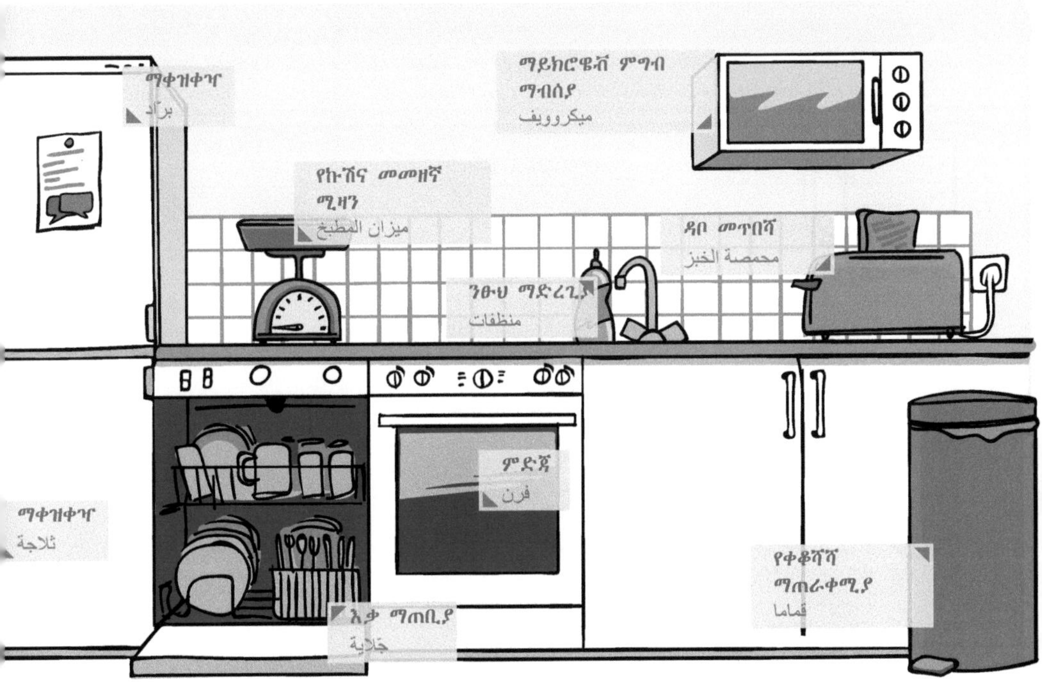

ምግብ አብሳይ

موقد

ማሰሮ

قِدر

የብረት ማሰሮ

وعاء من الحديد

ምግብ ማብሰያ ዝርግ ድስት

قدر صيني

የምግብ መጥበሻ

مقلاة

ማንቆርቆሪያ

غلاية

የእንፋሎት ማብሰያ

قدر البخار

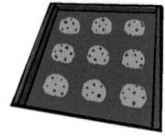

የመጋገሪያ ትሪ

صينية

ሰብስቦች

أواني

ትልቅ ኩባያ

فنجان

ጎድጓዳ ሳህን

صحن

ቾፕስቲክስ

عيدان الأكل

ጭልፋ

مغرفة

መሰቅሰቂያ ዝርግ ማንኪያ

ملعقة منبسطة

ማደባለቂያ

خفاقة

መወጠሪያ

مصفاة

ወንፊት

مصفاة

መፈርፈሪያ መሳሪያ

مِبشرة

ሲሚንቶ

هاون

የፍም ጥብስ

شواء

የተለቀቀ እሳት

موقد

መክተፊያ

لوح التقطيع

ተንሸራታች መርፌ

نشّابة

የጠርሙስ መክፈቻ

مفتاح الزجاجات

ጣሳ

علبة

የጣሳ መክፈቻ

مفتاح العلب المعدنية

የማሰሮ መሸፈኛ

قماش الفرن

ሳህን ማጠቢያ

مجلى

ብሩሽ

فرشاة

ስፖንጅ

إسفنج

መደባለቂያ መሳሪያ

خلاط

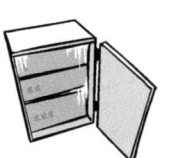

በጣም ማቀዝቀዣ

مجمّدة

ጡጦ

زجاجة الطفل

ቧንቧ

صنبور الماء

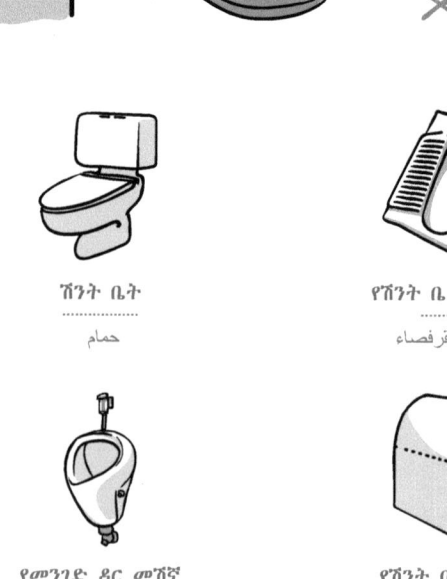

ማሞቂያ
تدفئة
መታጠቢያ
دوش
ፎጣ
منشفة
የመታጠቢያ ቤት መጋረጃ
ستارة الدوش
የአረፋ መታጠቢያ
حمام رغوة
የመታጠቢያ ገንዳ
حوض الحمام
ብርጭቆ
كأس
የልብስ ማጠቢያ
غسالة
ቧንቧ
صنبور الماء
ማዕዘን ወለል
بلاط
قفازات مطاطية
ሳህን ማጠቢያ
مجلى

ሽንት ቤት

حمام

የሽንት ቤት መቀመጫ

مرحاض القرفصاء

ሳፋ

حوض التشطيف

የመንገድ ዳር መሽኛ

مبولة

የሽንት ቤት ወረቀት

ورق المرحاض

የሽንት ቤት ማፅጃ ብሩሽ

فرشاة الحمام

38 መታጠቢያ ቤት - الحمّام

የጥርስ ብሩሽ

فرشاة الأسنان

የጥርስ ሳሙና

معجون الأسنان

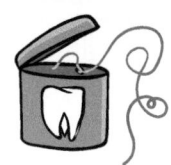

የጥርስ ማፅጃ ክር

خيط حرير لتنظيف الأسنان

መታጠብ

يغسل

የእጅ መታጠቢያ

رشاش ماء يدوي

መታጠቢያ

شطاف

ጎድጓዳ ሳህን

حوض الغسيل

የጀርባ ብሩሽ

فرشاة الظهر

ሳሙና

صابون

መታጠቢያ የሚዝለገለግ ሳሙና

جيل الدوش

የፀጉር መታጠቢያ ሳሙና

شامبو

ለስላሳ ጨርቅ

ممسحة

ፍሳሽ

مصرف للماء

ክሬም

مرهم

ጠረን መቀየሪያ ንጥረ ነገር

مزيل الروائح

መስታወት

مرآة

የእጅ መስታወት

مرآة يد

ምላጭ

موس حلاقة

የመላጫ አረፋ

رغوة الحلاقة

ከመላጨት በኋላ የሚቀባ ሽቱ

كولونيا

ማበጠሪያ

مشط

ብሩሽ

فرشاة

የፀጉር ማድረቂያ

سشوار

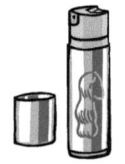

በፀጉር ላይ የሚነፋ

مثبت للشعر

የፊት መቀባቢያ

ماكياج

የከንፈር ቀለም

روج

የጥፍር ቀለም

طلاء أظافر

የጥጥ ሱፍ

قطن

ጥፍር መቁረጫ

مقص أظافر

ሽቶ

عطر

ማጠቢያ ባልዲ
....
سلة الغسيل

መቀመጫ
....
مقعد صغير

ሚዛን
....
ميزان

የመታጠቢያ ልብስ
....
معطف الحمام

የላስቲክ ጓንት
....
قفازات مطاطية

ሞዴስ
....
سدادة قطنية

የ ዳት ፎጣ
....
منشفة صحية

የሽንት ቤት ኬሚካል
....
تواليت كيميائية

የልጅ ክፍል

غرفة الأطفال

የማንቂያ ደዉል ሰዐት
منبه
የህፃን አሻንጉሊት
الحيوانات المحنطة
የመጫወቻ መኪና
سيارة لعبة
ማንገጫገጫ መጫወቻ
خشخشة
የአሻንጉሊት ቤት
بيت الدمى
ስጦታ
هدية

ፊኛ

بالون

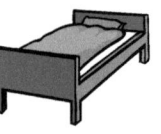

አልጋ

سرير

የህፃን ማንሸራሸሪያ ጋሪ

عربة الأطفال

የካርታ መጫወቻ

لعبة الورق

ቁርጥራጭ ምስሎችን የማገጣጠም እና ምስል የማግኘት ጨዋታ

أحجية

አዝናኝ

رسوم هزلية

ተገጣጣሚ መጫወቻ

أحجار الليغو

የመጫወቻ መገጣጠሚያዎች

حجارة تركيب

የድርጊት ምስል

دمية بطل

የህፃን እድገት

لباس الطفل

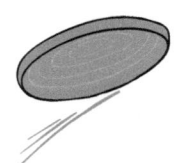

የፕላስቲክ መጫወቻ ዝርግ ሰሀን

فريسبي

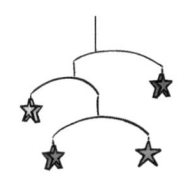

ተወዛዋዥ የህፃን ማጫወቻ

دمية معلّقة

የሰሌዳ ጨዋታ

لعبة الطاولة

የመጫወቻ ጠጠር

لعبة النرد

የመጫወቻ ባቡር

لعبة قطار

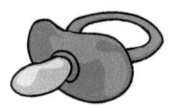

የእንጀራ እናት ጡጦ

مصّاصة

ድግስ

حفلة

የስዕል መፅሀፍ

كتاب مصوّر

ኳስ

كرة

አሻንጉሊት

دمية

መጫወት

يلعب

የአሸዋ መጫወቻ

ملعب رملي للأطفال

ዥዋዥዌ

أرجوحة

መጫወቻዎች

لعبة

የቪዲዮ መጫወቻ

ألعاب فيديو

ባለ ሶስት ጎማ ብስክሌት

دراجة ثلاثية

የአሻንጉሊት ድብ

دمية على شكل الدب

ቁምሳጥን

خزانة الثياب

አልባሳት

ثياب

ካልሲዎች

جوارب قصيرة

ስቶኪንጎች

جوارب طويلة

ታይት

جورب بنطلون

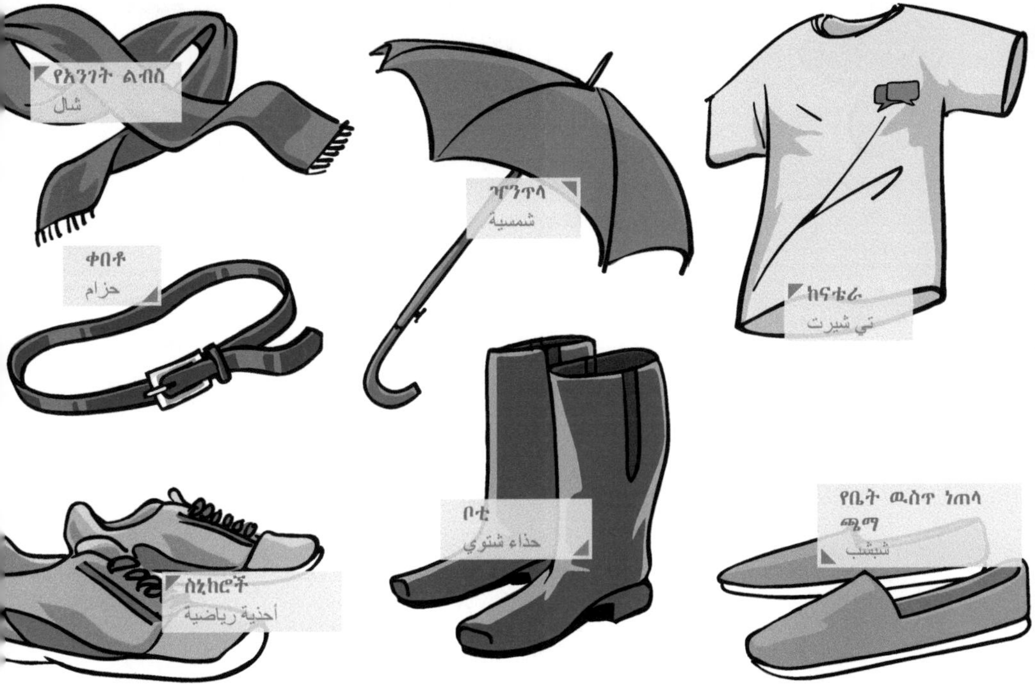

የአንገት ልብስ
شال

ግንጥላ
شمسية

ክፍቴራ
تي شيرت

ቀበቶ
حزام

ቡቲ
حذاء شتوي

የቤት ዉስጥ ነጠላ
ጫማ
شبشب

ስኒከሮች
أحذية رياضية

ነጠላ ጫማዎች
....
صندل

ጫማዎች
....
حذاء

የጎማብ ቡትስ
....
جزمة كاوتشوك

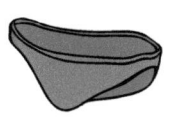

ሙታንታ
....
سروال داخلي

ጡት መያዣ
....
صدارة

ሰደርያ
....
قميص داخلي

ሰዉነት

لباس ملاصق للجسم

ሱሪዎች

بنطلون

ጅንስ

جينز

ጉርድ ቀሚስ

تنورة

ሸሚዝ

بلوزة

ሸሚዝ

قميص

የሚጠለቅ ሹራብ

سترة قطنية

ሹራብ

كنزة كم طويل

ዩኒፎርም ጃኬት

سترة فضفاضة

ጃኬት

سترة

ኮት

معطف

የዝናብ ኮት

معطف مطري

ልብስ

زي - طقم نسائي

ቀሚስ

ثوب

የሙሽራ ቀሚስ

ثوب الزفاف

ሱፍ

طقم

የለሊት ልብስ

قميص نوم

የለሊት ልብስ

بيجاما

ረጅም ቀሚስ

ساري

ሂጃብ

حجاب

ጥምጣም

عمامة

ቡርቃ

برقع

ሽርጥ

قفطان

አባያ

عباءة

የዋና ልብስ

مايوه

አጭር ቁምጣ

سروال سباحة

ቁምጣዎች

شرت

የስራ ቱታ

بدلة رياضية

ሽርጥ

مئزر

ጓንት

قفازات

ቁልፍ

....

زر

ነፅር

....

نظّارة

አምባር

....

إسوارة

የአንገት ሀብል

....

عقد

ቀለበት

....

خاتم

የጆሮ ጌጥ

....

قرط

ኮፍያ

....

طاقيّة

የኮት ስቀያ

....

علاقة ثياب

ኮፍያ

....

قبّعة

ከረቫት

....

ربطة العنق

ዚፕ

....

سحّاب

የብረት ቆብ

....

خوذة

ደገፊያ

....

حمّالة البنطلون

የትምህርት ቤት የደንብ ልብስ

....

اللباس المدرسي

የደንብ ልብስ

....

زي موحّد

አልባሳት - ثياب

መሃረብ

مريلة الأطفال

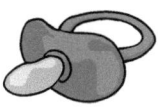

የእንጀራ እናት ጡጦ

مصّاصة

ሽንት ጨርቅ

لفافة

ቢሮ

مكتب

ማስራጫ ጣቢያ
المخدّم
የፋይል መደርደሪያ ካቢኔ
خزانة الملفات
የህትመት መሳሪያ
طابعة
ወረቀት
ورقة
መቆጣጠሪያ
شاشة
ማዉዝ
فارة
መፃፊያ ጠረጴዛ
طاولة المكتب
ማህደር
ملف
የመፃፊ ቁልፎች
لوحة المفاتيح
ወንበር
كرسي
የቆሻሻ ወረቀት መጣያ ቅርጫት
قماما
ኮምፒዉተር
حاسوب

የቡና መጠጫ ትልቅ ኩባያ

كأس من القهوة

ማስልያ ማሽን

الآلة الحاسبة

ኢንተርኔት

الإنترنت

ላፕቶፕ

....

الحاسوب المحمول

ደብዳቤ

....

رسالة

መልዕክት

....

خبر

ተንቀሳቃሽ ስልክ

....

الهاتف المحمول

የግንኙነት አዉታር

....

شبكة

ማባዣ ማሽን

....

جهاز تصوير

ሶፍትዌር

....

البرمجيات

ስልክ

....

هاتف

የግድግዳ ሶኬት

....

مقبس كهربائي

የፋክስ ማሽን

....

فاكس

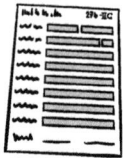

ቅፅ

....

استمارة

ሰነድ

....

وثيقة

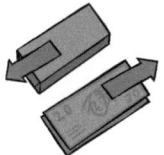

መግዛት

يشتري

መክፈል

يدفع

መነገድ

يتاجر

ገ ዘብ

مال

ላር

دولار

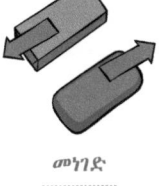

ዩሮ

يورو

ين

ብል

روبل

ዊዝ ፍራ ክ

فرنك سويسري

ሚ ቢ ዩዋ

يوان

روبية

ገ ዘብ ነ ብ

صرّاف آلي

የዉጭ ገንዘብ ምንዛሪ ቢሮ

مكتب صرافة

ወርቅ

ذهب

ብር

فضة

ዘይት

نفط

ሀይል፤ ጉልበት

طاقة

ዋጋ

سعر

ግንኙነት

عقد

ቀረጥ

ضريبة

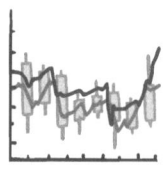

አክስዮን

سهم

መስራት

يعمل

ተቀጣሪ

موظف

ቀጣሪ

رب العمل

ፋብሪካ

مصنع

ሱቅ

متجر

የስራ ሙያዎች

المِهَن

የፖሊስ አዛዥ
الشرطي
የእሳት አደጋ ሰራተኛ
رجل إطفاء
ምግብ አብሳይ
طبّاخ
ዶክተር
الطبيب
አብራሪ
طيّار

አትክልተኛ

بستاني

አናጢ

نجّار

ልብስ ሰፊ ሴት

خيّاطة

ዳኛ

قاضٍ

ቀማሚ

كيميائي

ተዋናይ

ممثّل

የአዉቶቢስ ሹፌር

سائق حافلة

የታክሲ ሹፌር

سائق تاكسي

አሳ አጥማጅ

صياد سمك

ፅዳት ሰራተኛ

أجيرة للتنظيف

የጣራ ሰራተኛ

بنّاء سقف

አስተናጋጅ

نادل

አዳኝ

صيّاد

ሰዓሊ

رسّام

ጋጋሪ

خباز

የኤሌትሪክ ሰራተኛ

كهربائي

ገምቢ

عامل بناء

መሃንዲስ

مهندس

ልኳንዳ

لحّام

የቧንቧ ሰራተኛ

سمكري

የፖስታ ሰራተኛ

ساعي البريد

ወታደር
جندي

መሃንዲስ
مهندس معماري

የሒሳብ ሰራተኛ
أمين صندوق

አበባ ሻጭ
بائع الزهور

የፀጉር ሰራተኛ
حلاق

ቲኬት ቆራጭ
مراقب القطار

መካኒክ
ميكانيكي

ካፒቴን
قبطان

የጥርስ ሐኪም
طبيب أسنان

ተመራማሪ
رجل العلم

መምህር
حاخام

የሙስሊም ሃይማኖታዊ መሪ
إمام

መነኩሴ
راهب

ካህን
كاهن

መሳሪያዎች
عدة عمل

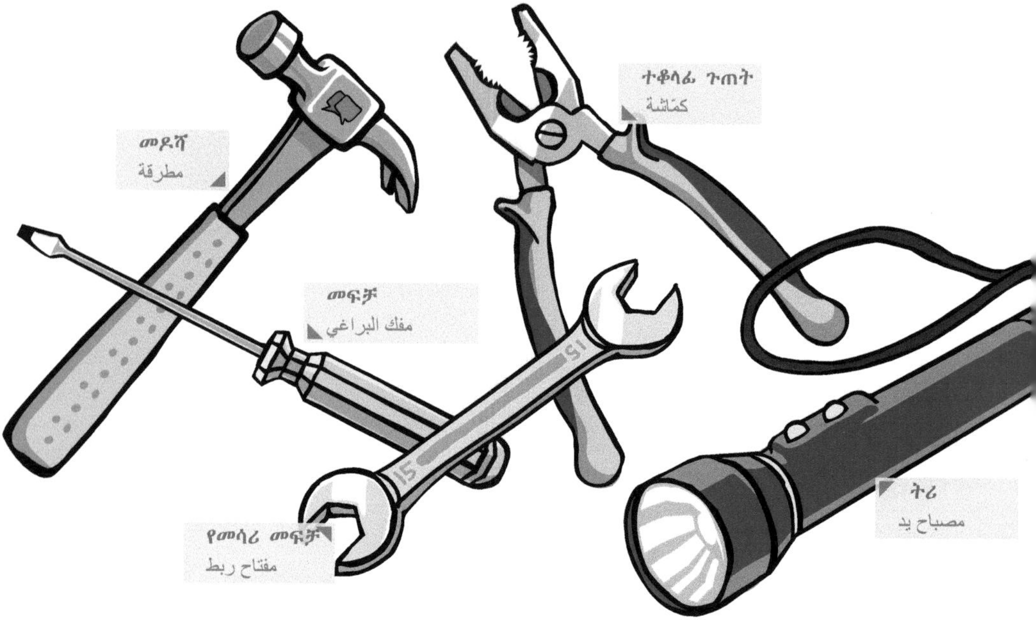

መዶሻ
مطرقة
ተቆላፊ ጉጠት
كمّاشة
መፍቻ
مفك البراغي
مفتاح ربط
مصباح يد

ቁፋሮ የሚዝቅ

جرافة

የመፍቻ ሳጥን

صندوق العدة

መሰላል

سلّم

መጋዝ

منشار

ምስማር

مسامير

መሰርሰሪያ

مثقب

መጠገን

يصلح

አካፋ

مجرفة

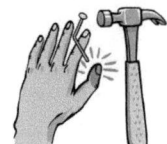

የተረገመ!

اللعنة

ቆሻሻ ማፈሻ

لقاطة الكناسة

የቀለም ቆርቆሮ

سطل الألوان

ብሎን

براغي

የሙዚቃ መሳሪያዎች

آلات موسيقية

የድምፅ ማጉያ መሳርያ
مكبر الصوت
የከበሮ መሳሪያዎች
آلات الإيقاع
ክራር መሰል የሙዚቃ መሳሪያ
غيتار
የትንፋሽ ሙዚቃ መሳሪያ
بوق
ድርብ ቤዝ ጊታር
كمان أجهر

የሙዚቃ መሳሪያዎች - آلات موسيقية 57

ፒያኖ

....

بيانو

ቫዮሊን

....

كمنجة

ወፍራም፤ ጎርናና ድምፅ ያለዉ ክራር መሰል ሙዚቃ መሳሪያ

....

جهير

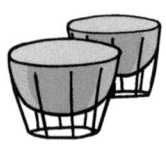

ነጋሪት

....

طبل كبير

ከበሮ

....

طبل

በኤሌክትሪክ የሚሰራ ፒያኖ

....

بيانو كهربائي

የትን ሽ ሙዚቃ መሳሪያ

....

ساكسوفون

ሽንት

....

ناي

የድምፅ ማጉያ

....

ميكروفون

የደር እንስሳት ማቆያ

حديقة حيوانات

ብር
نمر
መግቢያ
مدخل
ጥን
قفص
የሜዳ አህያ
حمار الوحش
የ ንስ ምግብ
علف للحيوانات
ልቅ ድብ
دب باندا

ንስ ቶች

حيوانات

ዝሆን

فيل

ካንጋሮ

كنغر

አዉራሪስ

وحيد القرن

ልቅ ዝንጀሮ

غوريلا

ድብ

دب

ግመል

جمل

ሰጎን

نعامة

አንበሳ

أسد

ጦጣ

قرد

ቅልጥመ ረዥም ወፍ

طائر فلامينغو

በቀቀን

ببغاء

የወዋልታ ድብ

دب قطبي

የዋልታ ወፎች

بطريق

ረጅም ጥርሶች ያሉትአሳ ነባሪ

سمك القرش

ጣዎስ

طاووس

እባብ

أفعى

አዞ

تمساح

የዱር አራዊት የሚጠበቁበት ማቆያን የሚጠብቅ

حارس في حديقة الحيوان

አሳ በሊታ የባህር እንስሳ

عجل البحر

የዱር ድመት

نمر أمريكي مرقط

ድንክ ፈረስ

فرس قزم

ነብር

نمر

ጉማሬ

فرس النهر

ቀጭኔ

زرافة

ንስር

نسر

ከርከሮ

خنزير برّي

አሳ

سمك

የባህር ኤሊ

سلحفاة

የባህር አዉሬ

حيوان فظ البحري

ቀበሮ

ثعلب

የሜዳ ፍየል፤ ሚዳቋ

غزال

የስፖርት አይነቶች

رياضة

የአሜሪካ እግርኳስ
كرة القدم الأمريكية
የብስክሌት ስፖርት
ركوب الدراجات
ቴኒስ
كرة التنس
የቅርጫት ኳስ
كرة السلة
ዋና
السباحة
የቡጢ ስፖርት
الملاكمة
የበረዶ ላይ የገና ጨዋታ
هوكي الجليد

እግር ኳስ

كرة القدم

የላበ ኳስ ጨዋታ

الريشة الطائرة

አትሌቲክስ

ألعاب القوى الخفيفة

የእጅ ኳስ ስፖርት

كرة اليد

የበረዶ መንሸራተት ስፖርት

التزلج على الثلج

ፈረስ ግልቢያ

بولو

እንቅስቃሴዎች
نشاطات

መዝለል
يقفز
ማቀፍ
يعانق
መሳቅ
يضحك
መራመድ
يمشي
መዘመር
يغنّي
ህልም ማለም
يحلم
يصلّي
መሳም
يقبل

መፃፍ

يكتب

መሳል

يرسم

ማሳየት

يُري

መግፋት

يدفع

መስጠት

يعطي

መዉሰድ

يأخذ

መያዝ

يملك

ማድረግ

يعمل

መሆን

يوجد

መቆም

يقف

መሮጥ

يركض

መሳብ

يسحب

መወርወር

يرمي

መዉደቅ

يقع

መዋሸት

يستلقي

መጠበቅ

ينتظر

መሸከም

يحمل

መቀመጥ

يجلس

መልበስ

يلبس

መተኛት

ينام

መንቃት

يستيقظ

መመልከት

....

ينظر إلى ..

ማለልቀስ

....

يبكي

መጫር

....

يمسّد

ማበጠር

....

يمشّط

ማዉራት

....

يتكلم

መረዳት

....

يفهم

ጥያቄ

....

يسأل

ማዳመጥ

....

يسمع

መጠጣት

....

يشرب

መብላት

....

يأكل

ማንፃት

....

يرتب

ማፍቀር

....

يحب

ምግብ ማብሰል

....

يطبخ

መንዳት

....

يقود

መብረር

....

يطير

መርከብ መንዳት

يبحر بزورق شراعي

ቁጥሮችን ማስላት

يحسب

ማንበብ

يقرأ

መማር

يتعلم

መስራት

يعمل

ማግባት

يتزوج

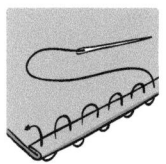

መስፋት

يخيط

ጥርስ መቦረሽ

ينظف أسنانه

መግደል

يقتل

ማጨስ

يدخّن

መላክ

يرسل

ቤተሰብ
عائلة

የሴት አያት
جدّة
የወንድ አያት
جدّ
አባት
أب
እናት
أم
ህፃን
الطفل
ሴት ልጅ
ابنة
ወንድ ልጅ
ابن

እንግዳ

ضيف

አክስት

عمّة / خالة

አጎት

عمّ / خال

ወንድም

أخ

እህት

أخت

አካል

الجسم

ግንባር
الجبين
አይን
العين
ትከሻ
الكتف
ጣት
الإصبع
ፊት
الوجه
አገጭ
الذقن
እጅ
اليد
ጡት
الصدر
እግር
الساق
ክንድ
الذراع

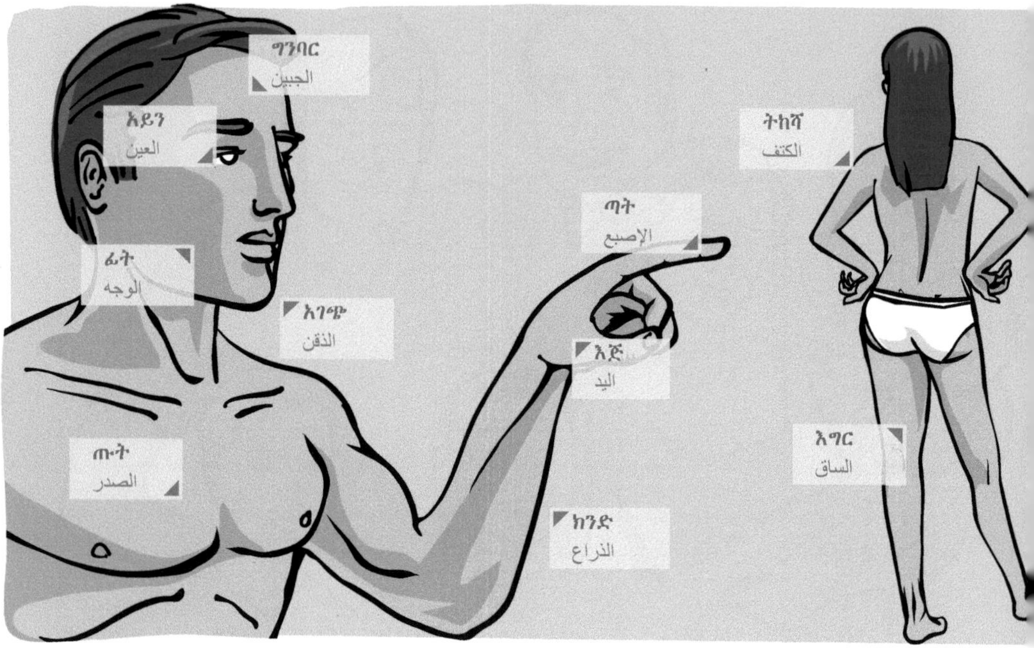

ህፃን
الطفل

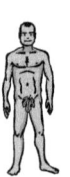

ሰዉ
الرجل

ሴት
المرأة

ልጃገረድ
البنت

ወንድ ልጅ
الولد

ራስ
الرأس

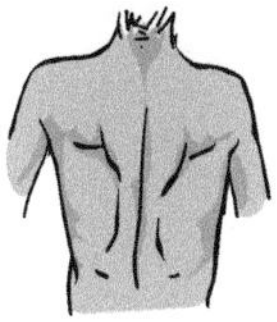

ጀርባ	**ሆድ**	**እምብርት**
الظهر	البطن	السرّة
የእግር ጣት	**ተረከዝ**	**አጥንት**
إصبع القدم	الكعب	العظم
ዳሌ	**ጉልበት**	**ክርን**
الورك	الركبة	المرفق
አፍንጫ	**ቂጥ**	**ቆዳ**
الأنف	العَجُز	البشرة
ጉንጭ	**ጆሮ**	**ከንፈር**
الخد	الأذن	الشفة

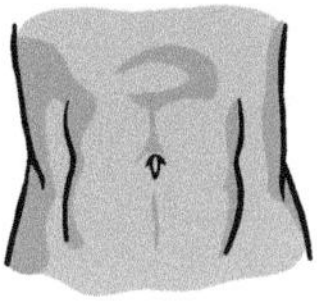

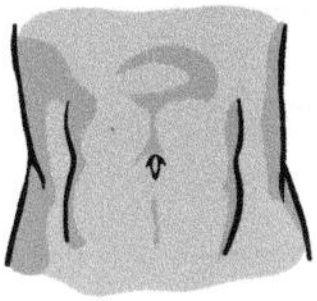

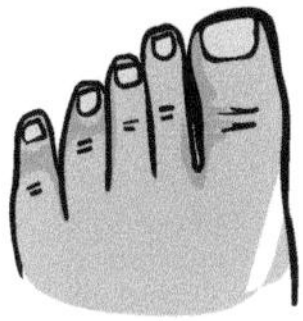

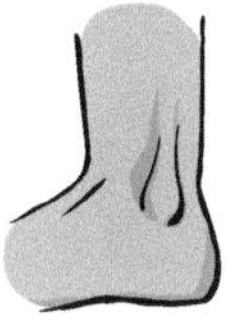

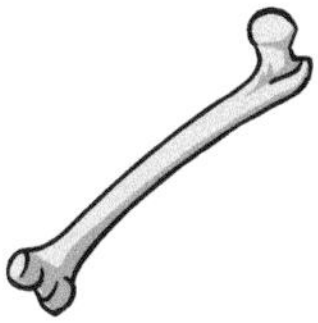

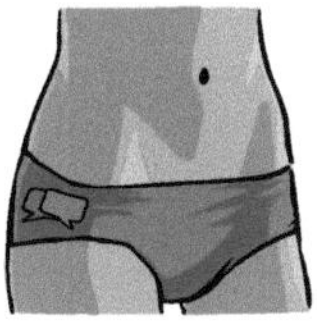

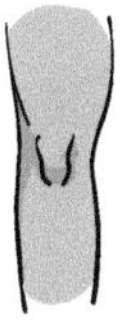

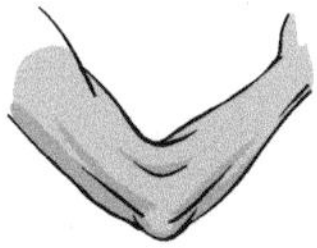

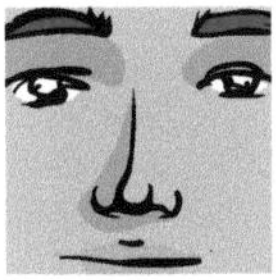

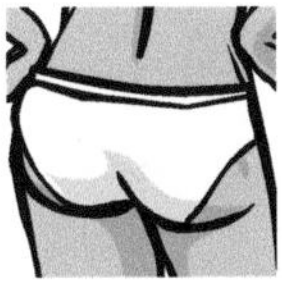

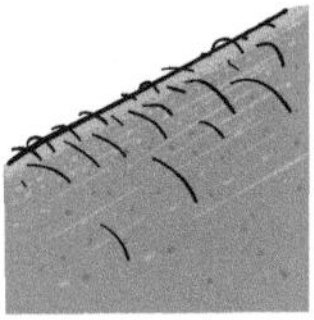

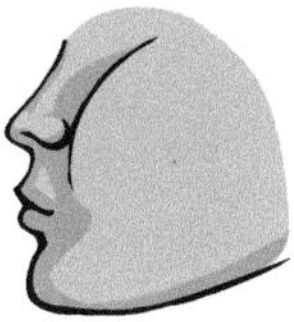

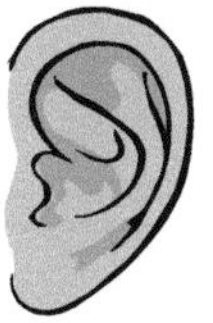

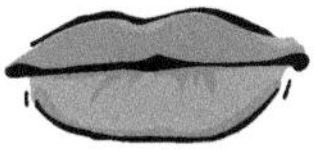

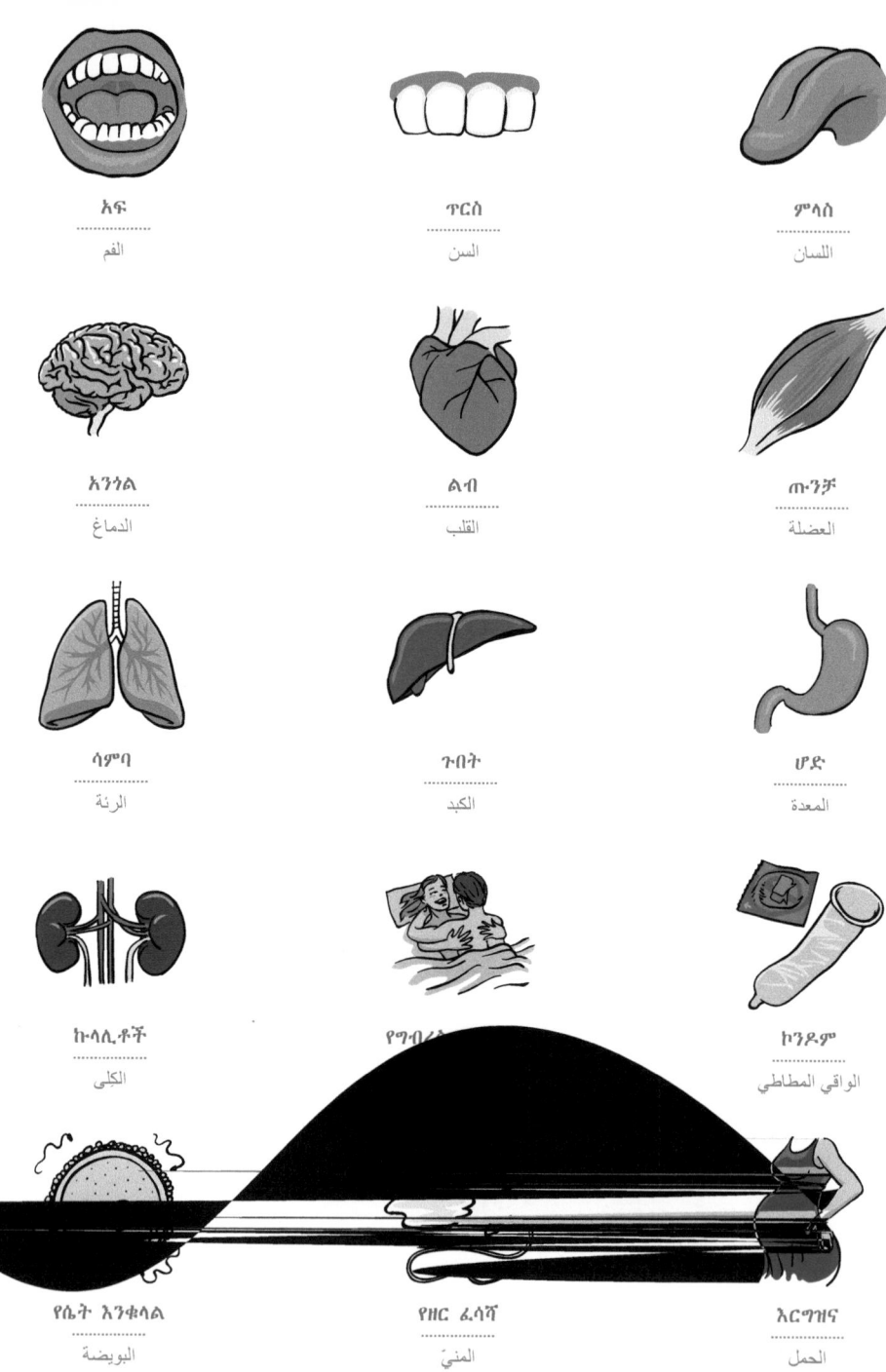

አፍ

الفم

ጥርስ

السن

ምላስ

اللسان

አንጎል

الدماغ

ልብ

القلب

ጡንቻ

العضلة

ሳምባ

الرئة

ጉበት

الكبد

ሆድ

المعدة

ኩላሊቶች

الكِلى

የግብረ [illegible]

ኮንዶም

الواقي المطاطي

የሴት እንቁላል

البويضة

የዘር ፈሳሽ

المنيّ

እርግዝና

الحمل

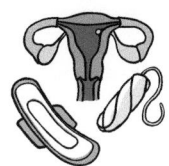

የወር አበባ
....
الحيض

እምስ
....
المهبل

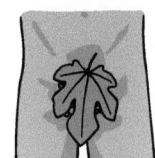

ቁላ
....
القضيب

ቅንድብ
....
الحاجب

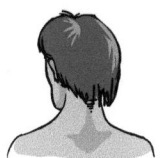

ፀጉር
....
الشعر

አንገት
....
الرقبة

ሆስፒታል

المستشفى

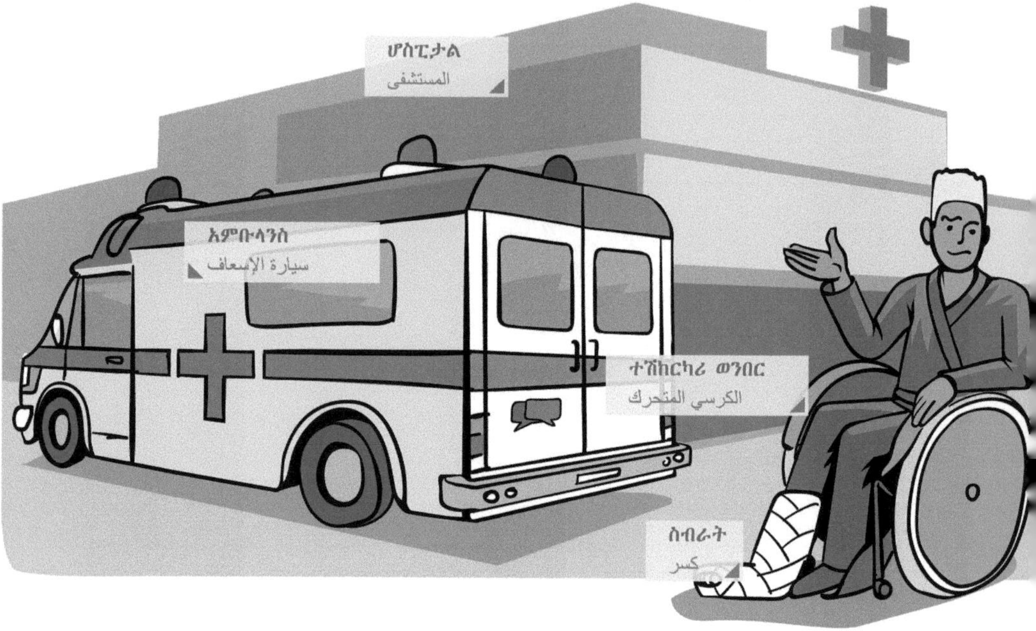

አምቡላንስ
سيارة الإسعاف
ተሽከርካሪ ወንበር
الكرسي المتحرك
ስብራት
كسر

ዶክተር

الطبيب

ድንገተኛ ክፍል

غرفة الإسعاف

ነርስ

الممرضة

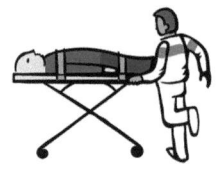

ድንገተኛ

حالة

ራስን መሳት/ አለማወቅ

مغمى عليه

ህመም

الألم

ጉዳት

إصابة

መድማት

النزيف

የልብ ድካም

احتشاء القلب

ስትሮክ

جلطة

አለርጂ

حسسية

ሳል

السعال

ትኩሳት

الحُمّى

ኢንፍሎዌንዛ

إنفلونزا

ተቅማጥ

الإسهال

የራስ ምታት

وجع الرأس

ካንሰር

السرطان

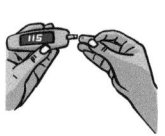

የስኳር በሽታ

مرض السكر

ቀዶ ጠጋኝ ሐኪም

جرّاح

የቀዶ ጥገና ስለት

مبضع

ቀዶ ጥገና

عملية

ሲቲ

سيتي سكان

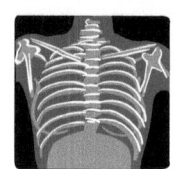

ኤክስሬዩ

الأشعة السينية

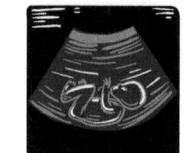

አልትራሳዉንድ

فوق الصوتي

የፊት ጭምብል

القناع

በሽታ

المرض

መጠበቂያ ክፍል

غرفة الانتظار

ምርኩዝ

العُكاز

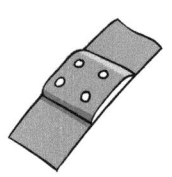

የቁስል ማሸጊያ

شريط لاصق

ፋሻ

ضماد

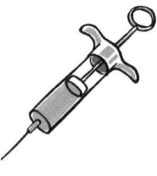

መርፌ

حقنة

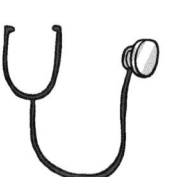

የልብ ምት ማዳመጫ መሳሪያ

سمّاعة الطبيب

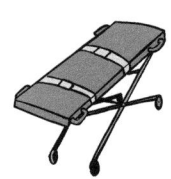

የበሽተኛ አልጋ

نقالة

የህክምና ሙቀት መለኪያ መሳሪያ

ميزان حرارة

መውለድ

ولادة

ከልክ ያለፈ ክብደት

وزن زائد

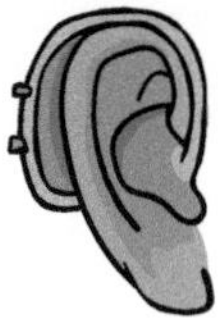

ለመስማት የሚረዳ መሳሪያ
....
جهاز السمع

ፀረ ተባይ መድሀኒት
....
المواد المعقمة

ማመርቀዝ
....
عدوى

ቫይረስ
....
فيروس

ኤች አይቪ ኤድስ
....
الإيدز

ህክምና
....
الطب

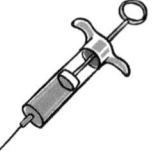

ክትባት
....
اللقاح

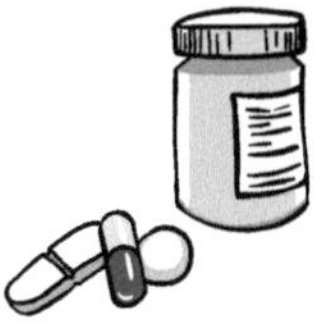

ኪኒን
....
أقراص الدواء

ኪኒን
....
حبّة الدواء

አስ ኳይ የስልክ ጥሪ
....
نداء النجدة

ደም ግፊት መቆጣጠሪያ
....
مقياس ضغط الدم

ህመም/ ጤንነት
....
مريض / صحيح

እርዳታ!

النجدة!

ማንቂያ ደዉል

إنذار

ጥቃት

اعتداء

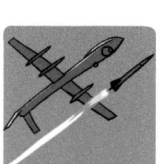

ድብደባ

هجوم

አደጋ

خطر

የድንገተኛ መዉጫ

مخرج طوارئ

እሳት!

حريق!

እሳት ማጥፊያ

جهاز الإطفاء

አደጋ

حادث

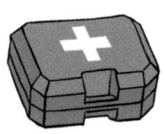

የመጀመሪያ እርዳታ መድሃኒት መያዣ

حقيبة الإسعاف الأولي

ነፍስ አድን

أنقذونا

ፖሊስ

الشرطة

ም ድ ር

أرض

አዉሮፓ

أوروبا

ሰሜን አሜሪካ

أمريكا الشمالية

ደቡብ አሜሪካ

أمريكا الجنوبية

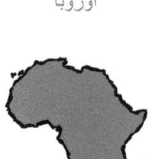

አፍሪካ

أفريقيا

እስያ

آسيا

አዉስትራሊያ

أستراليا

አትላንቲክ

المحيط الأطلسي

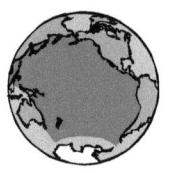

ፓስፊክ

المحيط الهادي

የህንድ ዉቅያኖስ

المحيط الهندي

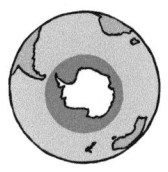

አንታርክቲክ ዉቅያኖስ

المحيط المتجمد الجنوبي

አርክቲክ ዉቅያኖስ

المحيط المتجمد الشمالي

ሰሜን ዋልታ

القطب الشمالي

ደቡብ ዋልታ

القطب الجنوبي

አንታርክቲካ

منطقة القطب الجنوبي

ምድር

أرض

መሬት

بر

ባህር

بحر

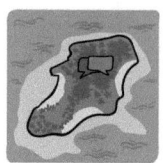

ደሴት

جزيرة

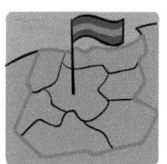

አገርና ህዝብ

أمة

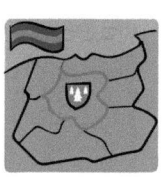

መንግስት

دولة

ሰዓት
ساعة

የሰዓት ገፅታ

ميناء الساعة

ሰዓት

عقرب الساعات

ደቂቃ

عقرب الدقائق

ሴኮንድ

عقرب الثواني

ስንት ሰዓት ነው?

كم الساعة الآن؟

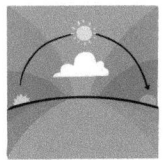

ቀን

يوم

ጊዜ

زمن

አሁን

الآن

የቁጥር ሰዐት

ساعة رقمية

ደቂቃ

دقيقة

ሰዓታት

ساعة

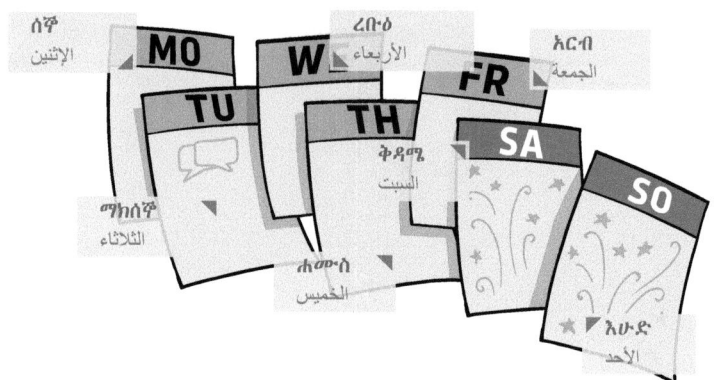

ሳምንት

أسبوع

ትላንት

الأمس

ዛሬ

اليوم

ነገ

غداً

ማለዳ

الصباح

ቀትር

الظهر

ምሽት

المساء

የስራ ቀናት

أيام العمل

የዕረፍት ቀናት

نهاية الأسبوع

ዝናብ
مطر

ቀስተ ደመና
قوس قزح

ጥጥ የሚመስል አመዳይ
ثلج
በረዶ
ريح

ጥሬይ
الربيع

 በጋ
الصيف

መኸር
الخريف

ክረምት
الشتاء

የአየር ሁኔታ ትንበያ
التنبّؤ بالحالة الجوية

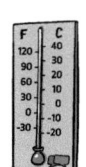

የሙቀት መለኪያ
مقياس حرارة

የፀሀይ ሙቀት
ضوء الشمس

ደመና
سحاب

ጭጋግ
ضباب

እርጥበታማነት
رطوبة الجو

መብረቕ

برق

ነጎድጓድ

رعد

ኣዉሎ ንፋስ

عاصفة

የበረዶ ዝናብ

بَرَد

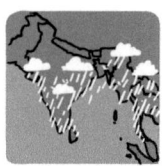

ኣዉሎ ንፋስ

ريح موسمية

ጎርፍ

طوفان

በረዶ

جليد

ጥር

كانون الثاني / يناير

የካቲት

شباط / فبراير

መጋቢት

آذار / مارس

ሚያዚያ

نيسان / أبريل

ግንቦት

أيار / مايو

ሰኔ

حزيران / يونيو

ሐምሌ

تموز / يوليو

ነሀሴ

آب / أغسطس

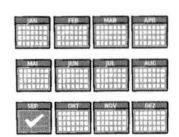

መስከረም

أيلول / سبتمبر

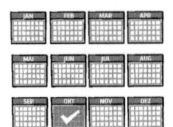

ጥቅምት

تشرين الأول / أكتوبر

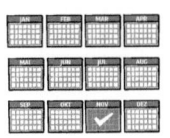

ህዳር

تشرين الثاني / نوفمبر

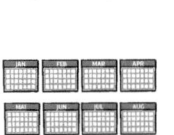

ታህሳስ

كانون الأول / ديسمبر

ቅርፆች

أشكال

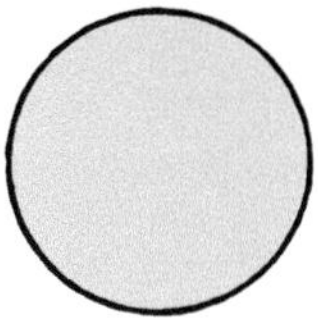

ክብ

دائرة

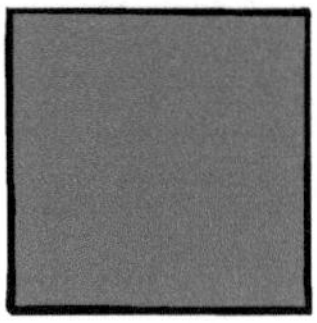

አራት ማዕዘን

مربّع

አራት ቀጥተኛ ማዕዘኖች ጎኖች ያሉት ቅርፅ

مستطيل

ሶስት ማዕዘን

مثلث

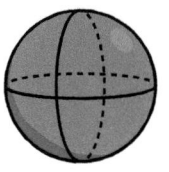

ሉል

كرة

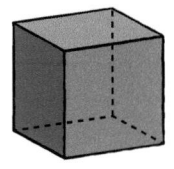

ስድስት ጎን ያለዉ ቅርፅ

مكعب

ነጭ

أبيض

ቢጫ

أصفر

ብርቱካናማ

برتقالي

ሮዝ

وردي

ቀይ

أحمر

ወይን ጠጅ

بنفسجي

ሰማያዊ

أزرق

አረንጓዴ

أخضر

ቡኒ

بنّي

ግራጫ

رمادي

ጥቁር

أسود

ተቃራኒዎች

الأضداد

ቆንጆ/ አስቀያሚ

جميل / قبيح

ንዴት/ እርጋታ

غضبان / هادئ

ብዙ/ ጥቂት

كثير / قليل

ደማቅ/ ደብዛዛ

فاتح / قاتم

ትልቅ/ ትንሽ

كبير / صغير

ጅማሬ/ ፍፃሜ

بداية / نهاية

የተሟላ/ ያልተሟላ

كامل / ناقص

ንፁህ/ ቆሻሻ

نظيف / وسخ

ወንድም/ እህት

أخ / أخت

ሰፊ/ ጠባብ

عريض / ضيّق

የሞተ/ ህያዉ

ميت / حيّ

ቀን/ ምሽት

نهار / ليل

የሚበላ/ የማይበላ

صالح للأكل / غير صالح

ክፉ/ ደግ

شرّير / لطيف

ደስተኛ/ ድብርተኛ

مثير / ممل

ወፍራም/ ቀጭን

سمين / نحيف

መጀመርያ/ መጨረሻ

أولاً / أخيراً

ጓደኛ/ ጠላት

صديق / عدو

ሙሉ/ ጎዶሎ

مليء / فارغ .

ጠንካራ/ ለስላሳ

صلب / ليّن

ከባድ/ ቀላል

ثقيل / خفيف

ረሃብ/ ጥማት

جوع / عطش

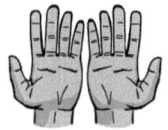

ህመም/ ጤንነት

مريض / صحيح

ህገወጥ/ ህጋዊ

غير شرعي / شرعي

ጎበዝ/ ደደብ

ذكي / غبي

ግራ/ ቀኝ

يسار / يمين

ቅርብ/ ሩቅ

قريب / بعيد

ኣዲስ/ ኣሮጌ

جديد / مستعمل

ምንም/ የሆነ ነገር

لا شيء / بعض الشيء

ሽማግሌ/ ወጣት

مسِن / شاب

የበራ/ የጠፋ

يشعل / يطفئ

ክፍት/ ዝግ

مفتوح / مغلق

ፀጥታ/ ጫጫታ

خافت / عالٍ

ሃብታም/ ደሃ

غني / فقير

ትክክለኛ/ የተሳሳተ

صح / خطأ

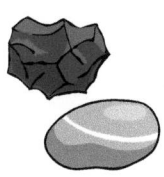

ሻካራ/ ለስላሳ

أحرش / املس

ሐዘን/ ደስታ

حزين / سعيد

አጭር/ ረዥም

قصير / طويل

ዝግተኛ/ ፈጣን

بطيء / سريع

እርጥብ/ ደረቅ

مبلول / جاف

ሞቃት/ ቀዝቃዛ

ساخن / بارد

ጦርነት/ ሰላም

حرب / سلم

ተቃራኒዎች - الأضداد 87

ቁጥሮች

أرقام

0	1	2
ዜሮ	አንድ	ሁለት
صفر	واحد	اثنان
3	4	5
ሶስት	አራት	አምስት
ثلاثة	أربعة	خمسة
6	7	8
ስድስት	ሰባት	ስምንት
ستة	سبعة	ثمانية
9	10	11
ዘጠኝ	አስር	አስራ አንድ
تسعة	عشرة	أحد عشر

12

አስራ ሁለት

اثنا عشر

13

አስራ ሶስት

ثلاثة عشر

14

አስራ አራት

أربعة عشر

15

አስራ አምስት

خمسة عشر

16

አስራ ስድስት

ستة عشر

17

አስራ ሰባት

سبعة عشر

18

አስራ ስስምንት

ثمانية عشر

19

አስራ ዘጠኝ

تسعة عشر

20

ሃያ

عشرون

100

መቶ

مائة

1.000

ሺህ

ألف

1.000.000

ሚሊዮን

مليون

ቋንቋዎች

اللغات

እንግሊዝኛ

الإنكليزية

የአሜሪካ እንግሊዝኛ

الإنكليزية الأمريكية

የቻይና ማንዳሪን

لغة ماندارين الصينية

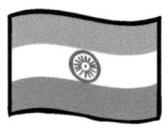

ሂንዱ

الهندية

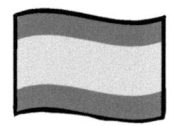

ስፓኒሽ

الإسبانية

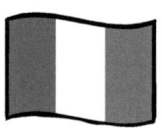

ፍሬንች

الفرنسية

አረብኛ

العربية

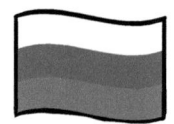

ራሺያኛ

الروسية

ፖርቱጊዝ

البرتغالية

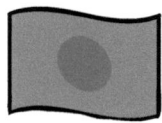

ቤንጋሊ

البنغالية

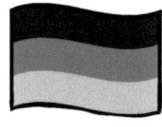

ጀርመን

الألمانية

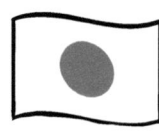

ጃፓንኛ

اليابانية

ማን/ ምን/ እንዴት
من / ماذا / كيف

እኔ

....

أنا

አንተ

....

أنت

እሱ/ እርሷ/ እቃዉ

....

هو / هي

እኛ

....

نحن

አንተ

....

أنتم

እነርሱ

....

هم

ማን?

....

من؟

ምን?

....

ماذا؟

እንዴት?

....

كيف؟

የት?

....

أين؟

መቼ?

....

متى؟

HELLO, I AM

ስም

....

اسم

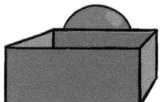

የት
أين

በስተጀርባ

خلف

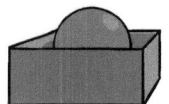

ዉስጥ

في

ከፊት ለፊት

أمام

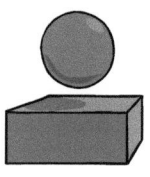

ከላይ

فوق

ላይ

على

ከስር

تحت

አጠገብ

جنب

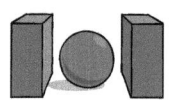

መሃከል

بين

ቦታ

مكان